EXPOSITION DE 1861.

DIOGÈNE AU SALON

REVUE EN QUATRAINS

Par Le GUILLOIS,
Auteur de la Fille du Scalpeur, etc.

Prix : 60 centimes.

PARIS
DESLOGES, LIBRAIRE-ÉDITEUR,
RUE CROIX-DES-PETITS-CHAMPS, 4.

Ye. 26123

Exposition

DIOGÈNE

Revue e

LE GU

Auteur de LA FILLE

PRIX : 6

Paris. — DESLOGES, Libraire-Éd

ET CHEZ TOUS

de 1861

U SALON

quatrains

LLOIS

DU SCALPEUR, etc.

CENT.

ur, 4, rue Croix-des-Petits-Champs,

ES LIBRAIRES.

7486 — Imp. Michels-Carré, pass. du Caire, 8 et 10.

DIOGENE

AU SALON DE 1861.

DIOGÈNE

AU

SALON DE 1861

REVUE EN QUATRAINS

PAR

Le GUILLOIS.

Sunt bona, sunt mala, sunt mediocria plura.
MARTIAL.

PARIS

DESLOGES, LIBRAIRE-ÉDITEUR,
RUE CROIX-DES-PETITS-CHAMPS, 4.

—

1861

DÉDICACE

A Monsieur le Comte De **MORNY**.

—∞—

AUX ARTISTES.

Amis, que de vos cœurs tout souci soit banni :
De l'Empire un Auguste a ressaisi les rênes,
Et Dieu vous a donné le meilleur des Mécènes,
  Le comte de Morny.

PEINTURE.

I

DIOGÈNE, *à lui-même*.

Ils sont là quatre mille, et tu n'as que trois mois !
Allume ta lanterne et prends ton porte-plume.
Il t'en faut, chaque jour, voir quarante à la fois :
Ne leur dis qu'un seul mot, tu feras un volume.

—∞—

PILS.

(Bataille de l'Alma.)

Il était temps que tu parusses,
Alma digne de nous, *Alma Redemptoris!*
Crayon pur et savant, tu viens dire à Paris
Que nous pouvons toujours donner des *Pils* aux Russes.

—co—

YVON.

(Bataille de Solférino.)

Voici *Solférinoï* l'Empereur! c'est Yvon,
Yvon, ce jeune artiste ardent à la bataille.
Qu'importe que déjà quelquefois on le raille?
Amis comme ennemis, il est là, tous y vont.

—oo—

GÉROME.

(Phryné devant l'aréopage. — Deux Augures, etc.)

Tu m'as peint autrefois; j'aimais assez ma pose;
Mais tes femmes, mon vieux, ont par trop le sang blanc.
Sans imiter Chaplin, qui ne les voit qu'en rose,
Ne pourrais-tu changer la couleur de leur sang?

—∞—

COURBET.

(Le Renard dans la neige. — Combat de cerfs, etc.)

    Ce renard qui met une nappe
Pour manger, à défaut de poule, une souris,
    Ce combat de cerfs qui vous frappe,
C'est l'œuvre de Courbet, le grand maître incompris.

HIP. FLANDRIN.

(Portrait du prince Napoléon, etc.)

Faut-il éteindre ma lanterne ?
Voici la perle du Salon,
Un chef-d'œuvre, un Napoléon !
La soufflerai-je ? Non ; la couleur est trop terne.

HAMON.

(L'Escamoteur. — La Volière, etc.)

Après *Guignol*, *l'Escamoteur*,
Autre fantaisie en guenilles ;
Puis... Mais pourquoi ce novateur
N'a-t-il donc qu'une tête à donner à ses filles ?

AUG.-ANT.-ERN. HÉBERT.

(Portrait de la princesse Clotilde, etc.)

Hébert, ton pinceau peu fidèle
Au lieu d'une princesse a peint une vapeur.
    On voit trop bien que ton modèle
    Par trop de grâce t'a fait peur.

―o―

CH. HUE.

(Manon Lescaut.)

    Tu n'es pas de ceux que l'on hue,
    Gracieux peintre de Manon ;
    Si, tout le jour, on te crie : Hue !
C'est qu'il faut bien, hélas ! t'appeler par ton nom.

CAMINO.

(Cinq miniatures.)

Sur cinq, quatre portraits ont Nadar pour légende.
En les voyant, on se demande
Si Camino n'a d'art
Que pour peindre Nadar.

—o⊃—

PAUL BAUDRY.

(Charlotte Corday. — Portraits.)

Quand Charlotte a tué Marat,
Ne crois pas que la fuite au danger la dérobe ;
Ange, elle a le cœur pur de cet assassinat ;
Mais, quelle est son horreur !... Elle a fripé sa robe.

—oϙ—

II

Où DIOGÈNE *réfléchit.*

Ouf! j'attaque, je crois, et la moderne Athènes
Au papillon de nuit coupera les antennes !
    Tâchons de polir nos discours :
Formulons des avis aimables, quoique courts.

A. BONHEUR.

(L'Arrivée à la Foire, etc.)

Saluons en passant cette heureuse famille,
Artiste dans son chef, et son fils, et sa fille !
Chez eux ce seul précepte est toujours en honneur :
C'est chez les animaux qu'on trouve le *Bonheur*.

―∞―

PUVIS DE CHAVANNES.

(Peintures murales.)

De lorettes par trop épris,
A peine hors de sa coquille
Puvis de Chavannes maquille
Ses femmes de poudre de riz.

―∞―

MILLET.

(La Tonte, etc.)

Arrêtez-vous! voici que Diogène affronte
La sublime laideur des bergers de la *Tonte*.
Pour être réaliste il faut voir tout en laid,
C'est ce que veut prouver ici maître Millet.

―∞―

LAMBRON.

(Orgie de Croque-Morts, etc.)

Cherchez-vous le plaisir dans les bals et les fêtes?
Au dire de Lambron, messieurs, vous auriez tort.
Voyez s'épanouir ces figures honnêtes :
L'idéal de la joie est le noir croque-mort.

PROTAIS.

(Une Sentinelle. — Deux Blessés, etc.)

Après un soldat mort couché *seul* sur le sol,
Pourquoi ce soldat *seul*, sentinelle arrêtée,
L'œil fixé sur l'oiseau si libre dans son vol?
Pourquoi? C'est qu'on écrit *Protais* et non *Protée*.

MEISSONIER.

(L'Empereur à Solférino, etc.)

Si l'heureux Meissonier se fait peintre d'histoire,
Vernet prendra la loupe et peindra des soudards.
Tous deux ont affronté la guerre et ses hasards :
A qui l'hôtel Drouot donne-t-il la victoire?

DUBUFE.

(Portrait de la princesse Mathilde, etc.)

Que Dubufe peint bien ses étoffes chéries !
    Sa peinture n'est pas de l'art,
    Mais, coquette, elle met du fard ;
Et son pinceau vous rend, mesdames, si jolies !

—o—

CHAPLIN.

(Portraits divers.)

Si j'étais un Boileau, j'ai trouvé mon Chaplin,
Chaplin qui n'est plus rose et qui tourne au vilain.
    Grand Dieu ! s'il flatte ses modèles,
    Comment celles qu'il peint sont-elles ?

—∞—

BEAUCÉ.

(Solférino. — Maréchal Canrobert.)

Qu'il attaque un sujet plus vaste que sa toile,
Que dans sa gloire épique il peigne un maréchal,
Tout modeste qu'il est, telle est sa bonne étoile
Qu'on dit toujours : C'est beau, c'est Beaucé sans rival.

—∞—

LES DEUX BELLANGÉ.

(Tableaux de batailles, etc.)

Du père on a dit : C'est Charlet!
Que dira-t-on du fils ? On dira : C'est son père!
Ils ont troqué leur chevalet.
Vive le chauvinisme inscrit sur leur bannière!

—∞—

III

Où DIOGÈNE devient gandin.

Corbleu ! ma barbe est sale et je ne vois pas d'eau !...
Ici, dit-on, jadis, serpentait un ruisseau
    A rendre jaloux le Bois de Boulogne...
Il n'est plus... Lavons-nous dans cette eau de Cologne...

HIP. LALAISSE.

(L'Attente.)

Le cheval n'a qu'un peintre, et ce peintre est Lalaisse.
Mais, voyez le malheur ! Artiste paresseux,
La place qu'en mourant lui fait Alfred de Dreux,
A d'autres, cette place, Hippolyte la laisse.

HARDTMUTH.

(Portrait du Pape.)

Voici comme en Autriche on sait peindre le Pape :
On lui bâcle des traits pleins de férocité ;
Dans un surplis de crin saintement on le drape,
Et l'on dit : Tremblez tous devant Sa Sainteté !

CABANEL.

(Nymphe enlevée par un Faune, etc.)

Si Cabanel était moins froid,
J'aimerais son Faune
Au ton jaune
Et sa nymphe à l'œil plein d'effroi.

—∞—

COROT.

(Orphée, le Lac, etc.)

Un paysan devant la toile
Où Corot demeure indécis,
Pressé de la juger, répondit tout surpris :
Otez la gaze qui la voile !

—∞—

PH. ROUSSEAU.

(Musique de Chambre, etc.)

Quand la triste saison fait pleuvoir les concerts,
Que de chanteurs, tenant leur musique à l'envers,
    Comme ton singe mélomane,
  Prennent nos tympans pour peaux d'âne !

―∞―

GUDIN.

(Cinq Marines.)

  Je ne sais quel affreux gredin
Disait que l'hôpital est le lot des artistes.
Truand ! tu sortais donc du clan des réalistes ?
Infâme ! on couvre d'or les toiles de Gudin.

―∞―

DOYEN.

(La Rentrée au Parc.)

Le soleil fuit ;
C'est l'heure
Où moutons et berger rentrent dans leur demeure.
Tout est beau, tout est vrai, calme comme la nuit.

LA PRINCESSE MATHILDE.

(Quatre aquarelles.)

Plus d'une de nos demoiselles
Sait peindre des attraits que trop d'âge enlaidit,
Mais vous dont la beauté sans emprunt resplendit,
Vous exposez des aquarelles.

GUSTAVE DORÉ.

(Dante et Virgile dans l'Enfer de Glace.)

Est-ce d'horreur que frissonne la foule ?
Ugolin ! L'archevêque ! Il le mord ! Le sang coule !...
Le Dante ! Enfer de glace !... Il fait froid par ici ;
Ces damnés-là sentent peu le roussi.

YAN D'ARGENT.

(Les Lavandières de la Nuit.)

Il fait noir, on entend l'orage ;
Un Breton plein d'effroi s'enfuit,
Car il a vu dans un nuage
Les *Lavandières de la Nuit !*

IV

DIOGÈNE *se gourmande*.

A quoi penses-tu, vieux cynique ?
Tes vers sentent le madrigal !
Ah ! que ne siffles-tu ? Tu verrais la panique !
Sus, chien, mords-les, c'est ton régal.

PAUL HUET.

(L'Étude de mer dans la Manche, etc.)

L'étude de mer dans la Manche
Réclame une prompte revanche.
Prenez un Auvergnat, un manœuvre, un broyeur,
Il n'osera jamais exposer cette horreur.

—o>—

CŒDÈS.

(Portraits divers, etc.)

Cœdès, qui porte un nom terrible,
Afin d'incendier nos cœurs,
Donne des yeux provocateurs
A son pastel sensible.

—o>—

BIARD.

(Scènes américaines.)

Biard est par trop excentrique !
Parce qu'il a franchi plus d'une mer ;
Il veut prouver que l'Amérique
Est un pays sans lumière et sans air.

—∞—

JALABERT.

(Une Veuve, etc.)

Si le livret donnait l'adresse de ta *Veuve*
Adorablement triste avec ses deux amours,
Combien voudraient finir sa douloureuse épreuve
Et rendre à ses doux yeux l'éclat de leurs beaux jours !

—∞—

HENRIETTE BROWNE.

(Une Femme d'Éleusis — Intérieurs de Harems, etc.)

Les voici, ces harems aux profanes mystères !...
Houris de l'Orient, source de voluptés,
Même dans le sérail vous cachez vos beautés !...
Fi ! nous attendions mieux que vos mines austères.

—oo—

WINTERHALTER.

(Portrait de l'Impératrice, etc.)

Heureux Winterhalter ! Le portrait qu'il expose
N'a ni couronne d'or ni couronne de rose ;
Souveraine, elle avait un sceptre et l'a quitté,
Voulant régner ici par sa seule beauté.

—oo—

GUSTAVE BOULANGER.

(Répétition du Joueur de Flûte, etc.)

Sans leurs nez trop gaulois et leurs airs trop futés,
  Ces acteurs auraient l'air antique ;
Ces décors aux tons crus, de la Grèce imités,
S'ils étaient moins léchés sentiraient mieux l'Attique.

—∞—

J.-B. BIN.

(Pete, non dolet !)

De ce drame émouvant la trop calme peinture
  S'inspire peu de la nature :
Pour rendre le beau trait que ton art envia,
Il nous faudrait *Pétus*, et surtout *Arria*.

—∞—

JAROSLAW CERMACK.

(Razzia de Bachi-Bouzoucks.)

Il a le dessin, la couleur,
La réalité, la vigueur,
Autant de choses que l'on aime ;
C'est fort joli pour un *Bohême !*

—∞—

C. BRUN.

(Le Moineau de Lesbie, etc.)

Charles Brun est poëte et nous parle de Rome.
Pour apprécier sa valeur,
N'allez pas mettre, par malheur,
Auprès de son *Moineau*, la *Phryné* de Gérome !

—∞—

V

Comment DIOGÈNE s'habille.

Ça, chiens qui me suivez, rentrez tous dans vos niches !
Moi-même, j'ai quitté mon bien-aimé tonneau ;
    Fuyez, levriers et caniches,
Antisthènes veut bien me prêter son manteau.

DURAND-BRAGER.

(Trois Marines, etc.)

L'Océan change peu de Boulogne au Bosphore ;
Artiste voyageur, tu changes moins encore :
    Fais-moi voir un de tes tableaux
    Où ne clapotent point les flots ?

—∞—

COURT.

(Onze Portraits.)

C'est du portrait, dit-on, que vit un jeune artiste.
    A ce compte *Court* a vingt ans !
Alors, n'en disons rien : respect aux débutants !
    Jeune homme, que le ciel t'assiste.

—∞—

TH. DELAMARRE.

(Quatre Peintures chinoises.)

Né des canards de la *Patrie*,
De tes ailes tu veux voler;
C'est bien; mais pourquoi t'affoler
Quatre fois de chinoiserie?

—∞—

DELALLEAU.

(Le Lendemain du Naufrage de l'Amphitrite.)

Deux groupes fort touchants.—Le fond gauche un peu vague:
Est-ce un rocher, le ciel, ou bien, au delà, l'eau
Qui s'élève et retombe en furieuse vague?
Ciel, eau, rocher, qu'as-tu donc peint, ô Delalleau?

—∞—

BONVIN.

(Intérieur de Cabaret.)

Dans ce cabaret à fond de cirage
Allons-nous trouver fillette et bon vin ?
Bah ! s'il n'est point là de gentil corsage,
On est toujours sûr d'y trouver *Bonvin*.

C.-L. MULLER.

(Léda. — Madame Mère, etc.)

De Michel-Ange à Galimard
L'épouse de Tyndare eut cet honneur insigne
D'émouvoir les enfants de l'art ;
Mais, ton talent, Muller, est bien froid pour son cygne !

C.-A. BONNEGRACE.

(La Pudeur vaincue par l'Amour.)

Adolescent aux courtes ailes,
Triomphe, ta volage ardeur
Ne trouvera plus de cruelles :
Tu viens de vaincre la *Pudeur*.

E. FICHEL.

(Les Noces de Gamache.)

Quel banquet ! D'y courir cela vous donne envie !...
C'est le mouvement et la vie,
Un tableau digne, enfin, de la main qui traça
Don Quichotte et Sancho Pança.

DUVAL LE CAMUS.

(Jacques Clément, Macbeth chez les Sorcières, etc.)

Ici, *Jacques Clément,* aux rêves sanguinaires,
    Plus loin, *Macbeth* chez les sorcières,
    A côté, de tristes *Adieux*...
Ce Duval Le Camus en veut bien à nos yeux !

A.-C. VOILLEMOT

(La Nymphe du Printemps. — Un Nuage.)

    Le souvenir, loin d'être un crime,
    Est utile en certains instants,
    Témoin ta *Nymphe du Printemps*
Qui tira de Prud'hon la grâce qui l'anime.

VI

Les pauvres yeux de DIOGÈNE.

O vernis, tes rayons ahurissent ma vue,
Le sang me monte aux yeux et je vois tout vermeil.
Alexandre, un beau jour, s'ôta de mon soleil :
Ne pourrait-on ôter tant de couleur trop crue ?

BOUGUEREAU.

(La Première Discorde, etc.)

De *Caïn* qui se livre à ses instincts méchants
Nous passons à ce *faune* épris d'une bacchante ;
Passons, passons... jusqu'à ce doux *Retour des champs*,
    Seule œuvre qui nous tente.

LUMINAIS.

(Champ de Foire. — Retour de Chasse.)

A ce gai *Champ de foire*, à ce *Retour de chasse*,
    Probablement, je me plairais,
Si le Soleil était, voilant un peu sa face,
    Moins lumineux pour Luminais.

LES TROIS FRÈRE.

(Voir le quatrain.)

Faisons-nous une halte au quartier des trois *Frère?*
Ils ont pour nous charmer l'enfance aux doux travaux,
Pour nous désaltérer la fontaine du Caire,
Et pour nous emporter de robustes chevaux.

—oo—

MATOUT.

(Une Position critique, etc.)

Ce que c'est que d'avoir un nom qui porte à rire!
On rit et pourtant on admire
Le terrible matou
Que nous a peint *Matout.*

—oo—

HENRI BARON.

(Retour de Chasse au Château de Nointel.)

De ce beau château de Nointel
Où rentre la chasse joyeuse,
Le *Baron* est celui dont la palette heureuse
A semé tant de grâce autour de son castel.

EUG. GIRAUD.

(Henri IV dans la Tour de Saint-Germain-des-Prés, etc.)

Si Paris vaut bien une messe,
Ton tableau vaut-il un Rubens?
J'aimerais mieux, je le confesse,
Un seul de lui que tous les tiens.

DEVILLY.

(Dénouement de la journée de Solférino.)

Devilly, rencontrant un orage historique,
    Pour paratonnerre a pris son pinceau ;
Il en a retiré l'étincelle électrique
    Et l'a mise dans son tableau.

—∞—

JANET-LANGE.

(L'Empereur et sa maison militaire à Solférino.)

Un dessin sans défaut, un modelé précis,
    Distinguent ici Janet-Lange ;
Ses hardis cavaliers sont fièrement assis,
Et son *Solférino* près des maîtres le range.

—∞—

ANTIGNA.

(Filles d'Ève, etc.)

Est-ce une allégorie, un rêve?
Non, c'est bien la réalité ;
Ce sont les jeunes filles d'Ève
Belles de leur témérité.

—oo—

PATERNOSTRE.

(Bataille de Solférino.)

Le Belge Paternostre a de grands airs bien sombres;
Ses soldats menaçants courent comme des ombres ;
Hommes, chevaux, harnais, tout est échevelé,
Bien plus que modelé.

—∞—

VII

Où DIOGÈNE demande grâce.

Assez! mon bâton plie et mon manteau me gêne;
    Mon goût, grâce au torticolis,
S'émousse, et je vous vois, artistes, tous jolis...
Marche, vieux Juif-Errant! marche, vieux Diogène!

CH. LANDELLE.

(Visite de l'Empereur et de l'Impératrice à Saint-Gobain.)

Que faut-il admirer? Du dessin la finesse?
Des attitudes la justesse?
Admirons tout ce *Saint-Gobain*,
Surtout l'Impératrice et sa mignonne main.

—o—

GRENET.

(Vue de Joigny, le matin, etc.)

Avec son criard voisinage
Et devant ce public bruyant comme la mer,
Pauvre Grenet, ton paysage
Dans le grand salon manque d'air.

—o—

E. FAIVRE.

(Jeune Fille et Fleurs. — Chevreuil et Fleurs.)

La fleur que le Zéphyr caresse de son aile
    Doit être délicate et frêle ;
    Tes pivoines et tes pavots
Ont des tiges de fer raides sur leurs pivots.

COUVERCHEL.

(Bataille de Magenta.)

    En plus d'un endroit attaquable,
Bien que de la couleur il n'ait pas le secret,
    Tumultueux et plein d'effet,
Le *Magenta* de Couverchel et noir, mais remarquable.

KARL GIRARDET.

(Six Vues de Suisse, dont une de Gascogne.)

Ce n'est pas seulement le fini qu'il faut voir
Dans ces sites remplis de charme et de science :
    Karl peint la Suisse par devoir
Et montre, à tout propos, son acte de naissance.

HANOTEAU.

(Trois Vues de la Nièvre.)

Hanoteau peint la Nièvre et Girardet la Suisse ;
    Pourquoi nous en plaindre aujourd'hui,
    Puisque ce gracieux caprice
    Par des chefs-d'œuvre se produit ?

FRANÇAIS.

(Trois Vues des Environs de Paris.)

C'est franc, c'est poétique et sage :
Trois toiles, trois succès !
C'est que le roi du paysage
En France est Français.

—∞—

J.-F. GIGOUX.

(Une tête de Sarrasin. — Portrait.)

Le livret nomme en toutes lettres
Un comte maigre à faire peur,
Dont le pantalon sur ses guêtres
Retombe en un long pli qui fait frémir d'horreur.

—∞—

MAZEROLLES.

(Éponine et Sabinus. — Vénus, etc.)

Mazerolles peint Sabinus,
Ah! plaignons, plaignons Éponine!
Dans un souterrain noir elle n'y voyait plus,
L'éclat de la couleur aujourd'hui l'extermine.

MONGINOT.

(La Redevance.)

Sa terne et terreuse peinture
Vient à Monginot de Couture;
Il dessine, mais reste plat.
Quand donc aura-t-il plus d'éclat?

VIII

D'un reproche fait à DIOGÈNE.

Des gens qui règlent bien leur vie
M'ont reproché tout haut de marcher au hasard.
Tant mieux ! la liberté dans l'art !
Jugeons au gré de notre envie.

H.-P. PICOU.

(Toilette, etc.)

Picou tient de ses aînés,
Au Salon il entre en maître :
« Fermez-lui la porte au nez
» Il entre par la fenêtre. »

—∞—

COMPTE-CALIX.

(La Forêt de Bondy. — Pas de fumée sans feu, etc.)

Brillant par la couleur, heureux par la pensée,
Compte-Calix attire à lui
Le jeune homme rêveur, la belle délaissée ;
La jeunesse est son doux appui.

—∞—

LÉON BAILLY.

(Abélard au Concile de Sens, etc.)

Que fait Abélard au concile ?
Il discute et ne conclut rien.
Ainsi pose Bailly devant la foule hostile
Qui ne le voit ni mal ni bien.

—∞—

FAUSTIN BESSON.

(Madame de Pompadour, chez Coustou, posant pour le pied de Diane.)

Besson, le galant troubadour,
A peint le pied de Pompadour.
Quel pied ! quel entourage ! et quelle mignardise !...
Besson n'est pas encor Boucher, quoi qu'on en dise.

—∞—

AR. CAMBON.

(Diane surprise au bain par Actéon, etc.)

Si Diane n'était pas belle,
Cambon a fort bien réussi ;
Oui, c'est bien de l'amour la virago rebelle
Que le chasseur rencontre ici.

CARAUD.

(Prise d'habit de Mademoiselle de La Vallière.)

Quel est ton crime, La Vallière ?
D'aimer un égoïste roi.
Offre tes blonds cheveux à Dieu, digne de toi,
Et souffre que Caraud te fausse à sa manière.

ED. BRANDON.

(Canonisation de sainte Brigitte, etc.)

Brandon canonise Brigitte.
Peinture sèche, terne, et pleine d'abandon ;
    Cela n'a rien qui vous agite.
De discorde, à coup sûr, ce n'est pas un brandon !

—oo—

A. DE BALLEROY.

(Relai de chiens. — La Retraite prise, etc.)

Les chiens jappent, le cor sonne, voici la chasse !...
    Ta brosse, charmant Balleroy,
    Est facile et de bon aloi :
Chaque nouvel effort marque plus haut ta place.

—oo—

OSWALD ACHENBACH.

(Fête religieuse et Convoi funèbre à Palestrina, etc.)

A ton talent original
En Prusse même on rend hommage.
Avec peu de couleur, le dessin n'est pas mal,
L'effet est pittoresque et le geste fort sage.

—∞—

ACCARD.

(Seigneur de la cour de Louis XIII.)

De son petit tableau le titre tient trois lignes !
Cela ressemble aux hobereaux
Qui dans l'Espagne ont des châteaux.
Mais, bast ! les plus petits sont souvent les plus dignes.

—∞—

SCULPTURE.

IX

Où DIOGÈNE *passe à la Sculpture.*

Je suis bien fatigué ! si nous changions de ton ?
    Descendons fumer un cigare
    Au sein du verdoyant Ténare
Où la jeune Sculpture appelle mon bâton.

LE COMTE DE NIEUWERKERKE.

(Trois Bustes annoncés, que je n'ai pas pu trouver.)

J'ai cherché la place du maitre,
J'ai cherché ses bustes vivants;
D'un pas sûr la louange avait pris les devants...
Mes yeux brûlés là-haut ne l'ont point vu paraitre.

—co—

CLÉSINGER.

(Cornélie et ses enfants. — Diane au repos.)

Du gros François Premier qu'au Louvre il exposa
Jadis le public s'amusa,
Mais, avouons que Cornélie
Est, sous tous les rapports, une œuvre... plus jolie.

—co—

J.-A. BARRE.

(Statue de l'Impératrice. — Cinq Bustes.)

Saluez la Beauté qui sur tous a l'empire !
J'aime ce marbre qui respire
Et ces vêtements assouplis
Dont on sent frissonner les plis.

CAVELIER.

(Napoléon Ier. — Cornélie, etc.)

Ta Cornélie, ô Cavelier !
N'a pas l'air aussi cavalier
Que celle du beau Clésinger,
Mais il eût dû la copier.

DANTAN JEUNE.

(Cinq Portraits.)

Si jamais je deviens héros,
C'est Dantan qui fera mon buste :
Son ciseau, surnommé le juste,
Ne sculpte pas les calicots.

—∞—

A. DESBŒUFS.

(Le Plaisir, statue de marbre, etc.)

Desbœufs donne au plaisir des ailes et des fleurs,
C'est dire assez que ce volage,
Après un trop court badinage,
S'enfuit en nous laissant des pleurs.

—∞—

A. DORIOT.

(Sapho : le Dernier Adieu.)

Poétique Sapho, quand près de toi je passe,
    Quel sentiment me fait frémir?...
En te voyant sauter dans le sombre avenir,
    J'ai peur que le plâtre ne casse.

—∞—

A. ÉTEX.

(Trois Groupes. — Trois Bustes.)

Michel-Ange français dont le triple génie
    Fait depuis longtemps notre orgueil,
De Rude, ton rival, si nous portons le deuil,
    Tu sais consoler la patrie.

—∞—

FRÉMIET.

(Le centaure Térée emportant des ours.)

Bonheur de la sculpture, allons, à la curée!...
Que n'es-tu réaliste aussi bien que Courbet?
Tu n'irais pas, cherchant un antique sujet,
Pour motiver tes *Ours* nous annoncer *Térée*.

GASTON-GUITTON.

(L'Attente.)

Nouveau Pygmalion, épris de ta statue,
  Voudrais-tu la voir s'animer?...
Ravis le feu du ciel! Cette attente la tue,
  On sent qu'elle voudrait aimer.

X

Où DIOGÈNE *soupire.*

Du temps de Phidias on sculptait un peu mieux ;
  Les chefs-d'œuvre n'abondent guère...
Mais, à quoi bon grogner ? Fermons plutôt les yeux :
  A la guerre comme à la guerre.

LEHARIVEL-DUROCHER.

(Rosa mystica. — Colin-Maillard, etc.)

Ami de la rose mystique
Dont le ciel est le seul désir,
Tu nous jettes plus loin ce mot philosophique :
C'est en Colin-Maillard qu'on cherche le plaisir.

J.-L. MAILLET.

(Agrippine portant les cendres de Germanicus.)

Maillet est l'inventeur de cette urne carrée
Où la jeune Agrippine emporte, désolée,
    Ni plus ni moins que des écus,
    Les Cendres de Germanicus.

OTTIN.

(L'Empereur. — L'Amour et Psyché, etc.)

J'aime la jeune fille au vase,
L'Empereur, l'Amour et Psyché ;
Chez le sculpteur Ottin, je suis fort empêché :
La critique manque de base.

—∞—

OUDINÉ.

(Médailles et Médaillons, marbre et bronze.)

Nos pièces de cinq francs nous ont appris son nom :
La jeune République en fit une épigramme.
Tous ses portraits sont pleins de flamme,
De Catteaux à Napoléon.

POLLET (MICHEL-ANGE).

(Quatre Bustes de marbre.)

Pollet porte un prénom qui lui porte bonheur.
Ce buste colossal est bien notre Empereur :
    C'est son front, c'est son œil qui pense,
    C'est le Rédempteur de la France.

—oo—

E. TEXIER.

(David. — Statue, Bronze.)

Vous avez vu souvent de ces bronzes-lanternes
    Qui décorent les escaliers?
Tel sera le destin, disent les écoliers,
    Du David de Texier, des Ternes.

—oo—

E.-A. VIREY.

(Le Défi. — Jeune Bacchante et l'Amour.)

Que ne suis-je l'Amour auprès d'une bacchante...
    Ainsi soupire maint gandin,
    D'un ton mi-triste mi-badin,
    Auprès de Virey qui le tente.

VICTOR VILAIN.

(Marius à Carthage.)

    Marius aussi fut Victor ;
    Vilain nous le montre à Carthage.
    De la gloire triste héritage
    L'adversité n'a jamais tort.

J.-L. VERAY.

(La Reine de Naples, etc.)

Si nous aimions la politique,
Veray nous offrirait un thème favori :
Sa reine porte un nom chéri
Qui rappelle aux dames l'antique.

—∞—

J. VALETTE.

(Une Ménade.)

Nous avons vu Sapho sur le roc de Leucade ;
Valette expose une Ménade :
Excès de vin, excès d'amour,
Vous ne durez pas plus d'un jour

XI

ADIEU.

Se plaindront-ils, ceux que j'oublie ?
Ils n'en sauront peut-être rien.
J'aperçois mon tonneau tout sale encore de lie,
Je vais m'y coucher comme un chien.

XII

DIOGÈNE à l'Auteur.

Pauvre oiselet, sous la foi d'un beau ciel,
Tout confiant dans tes plumes venues,
Tu voudrais bien, planant devers les nues,
Chercher là-haut ce doux rayon de miel
    Que l'on appelle Poésie.

Tu voudrais bien, au siècle où nul n'a foi,
Redemander, pauvre enfant sans fortune,
Si le génie est mort et si chacune
Des saintes lois dont Dieu seul se fit roi
    N'est pas morte ou d'appel saisie.

Et toi, poëte aux accents pleins de feu,
Toi qui sais lire aux archives passées
Les grands secrets des sublimes pensées
Qu'au monde antique inspira quelque dieu,
    Que dis-tu du siècle où nous sommes ?

Est-ce atonie ou peur ? est-ce dégoût ?
Est-ce le fruit du penser métallique
Qui fait des mots un cours d'arithmétique,
Qui met l'esprit aux arrêts quand, debout,
    L'agio seul étreint les hommes ?

Pauvre oiselet qui rêves le laurier,
Tu crois à l'art et tu n'oses qu'en rire !
Va, ris toujours ; les cordes de la lyre
Sous l'épigramme aussi peuvent vibrer,
    Juvénal était un poëte.

Le siècle court aux autels de Baal :
Que ton vers siffle et que ta Muse tonne !
N'as-tu donc pas ce courroux que Dieu donne?
Ne seras-tu qu'un aboyeur banal?
    Enfant, la douleur est ta fête.

                          Le GUILLOIS.

                 1850

TABLE.

	Pages.		Pages.
Accard.	54	Cavelier.	57
Achembach (Oswald)	54	Cermack.	30
Antigna.	42	Chaplin.	17
Adieu.	67	Clésinger.	56
Baron (H.)	40	Cœdès.	26
Barre.	57	Compte-Calix.	50
Bailly.	51	Corot.	21
Baudry (Paul)	12	Courbet.	9
Balleroy.	53	Court.	32
Beaucé.	18	Couverchel.	45
Bellangé (les deux)	18	Dantan (jeune).	58
Besson (F.).	51	D'Argent (Yan)	24
Biard.	27	DÉDICACE.	5
Bin.	29	Desbœufs.	58
Bonvin.	34	Devilly.	41
Boulanger (G.).	29	Delalleau.	53
Bouguereau	38	DIOGÈNE, 7, 13, 19, 25, 31, 37, 43,	
Bonnegrâce.	35	49, 55, 61, 67, 64	
Bonheur (A.).	14	Delamarre (Th.)	33
Browne (H.).	28	Doré (Gustave).	24
Brandon.	53	Doriot.	59
Brun (C.).	30	Doyen.	23
Cabanel.	21	Durand-Brager.	32
Cambon (A.).	52	Dubufe.	17
Camino.	12	Duval-le-Camus.	36
Caraud.	52	Étex.	59

TABLE DES MATIÈRES.

Nom	Pages	Nom	Pages
Faivre	45	Maillet	62
Fichel	35	Mathilde (la princesse)	23
Flandrin (Hip.)	10	Matout	39
Frère (les trois)	39	Mazerolles	48
Français	47	Meissonier	16
Frémiet	60	Millet	15
Gérome	9	Monginot	48
Gigoux	47	Muller (C.)	34
Giraud (E.)	40	Nieuwerkerke (le comte de)	56
Girardet (K.)	46	Ottin	63
Grenet	44	Oudiné	63
Guitton (Gaston)	60	Picou	50
Gudin	22	Pils	8
Hamon	10	Paternostre	42
Hanoteau	46	Pollet	64
Hardtmuth	20	Protais	16
Hébert	11	Puvis de Chavannes	14
Huc (Ch.)	11	Rousseau	22
Huet (P.)	26	Texier	64
Jalabert	27	Valette	66
Janet-Lange	41	Veray	66
Lalaisse (Hip.)	20	Vilain	65
Lambron	15	Virey	65
Landelle (Ch.)	44	Voillemot	36
Lcharivel-Durocher	62	Winterhalter	28
Luminais	38	Yvon	8

Paris. — Imp. de E. Brière, rue St-Honoré, 257.

DICTIONNAIRE UNIVERSEL DES BEAUX-ARTS. — Architecture, — Sculpture, — Ornementation, — Peinture, — Dessin, — Gravure, — Poésie, — Musique, etc., suivi d'un *Dictionnaire d'Iconologie*, par M. Ch. de Bussy. Un volume grand in-18 . . . . 4 fr.

A B C DU DESSIN ET DE LA PERSPECTIVE, orné de 8 planches d'étude graduées . . . . 1 fr.

LE DESSIN EXPLIQUÉ, mis à la portée de toutes les intelligences. Un volume in-8, orné de 30 sujets d'étude . . . . . . 1 fr.

L'AQUARELLE ET LE LAVIS, par Goupil. Un volume in-8, avec planche . . . . 1 fr.

LE PASTEL, par Goupil. Un volume in-8, avec planche . . . 1 fr.

LA PEINTURE A L'HUILE, suivi d'un Traité de la restauration des tableaux, par Goupil. Un volume in-8 . . . . 1 fr.

PEINTURE SUR PORCELAINE, verre, émail, stores, écrans, marbre; suivi du *Traité de Vitrau-Manotypie*, ou l'Art de faire soi-même les vitraux factices, etc., par Lefebvre. Un volume in-8 . . . . . 1 fr.

LA MINIATURE. Un volume avec planche d'étude . . . . 1 fr.

LA PHOTOGRAPHIE POUR TOUS, traité simplifié. Un volume in-8 . 1 fr.

Paris. — Imp. de E. Brière, rue Saint Honoré, 257.

www.ingramcontent.com/pod-product-compliance
Lightning Source LLC
LaVergne TN
LVHW020955090426
835512LV00009B/1914